Die KUNST, AUFZURÄUMEN

URSUS WEHRLI

FOTOGRAFIERT VON
GERI BORN UND DANIEL SPEHR

KEIN & ABER

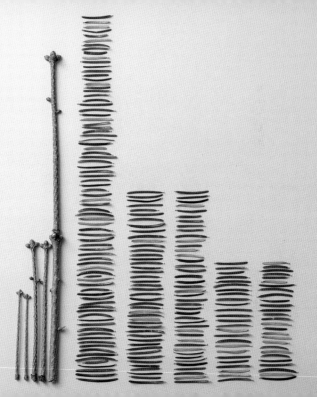

3

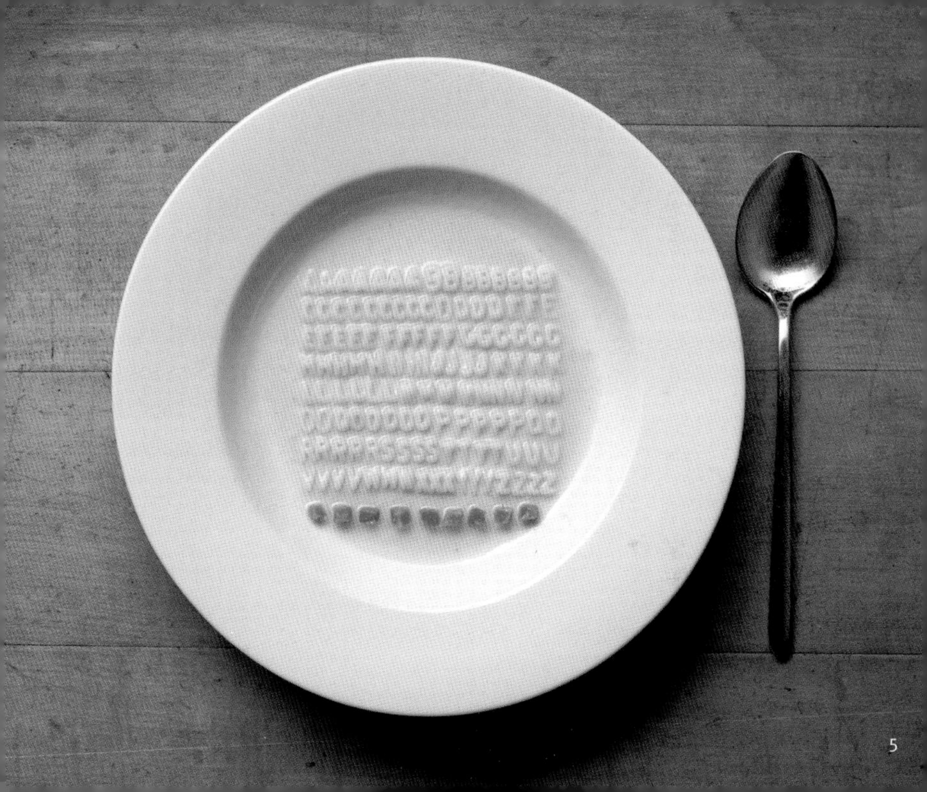

8

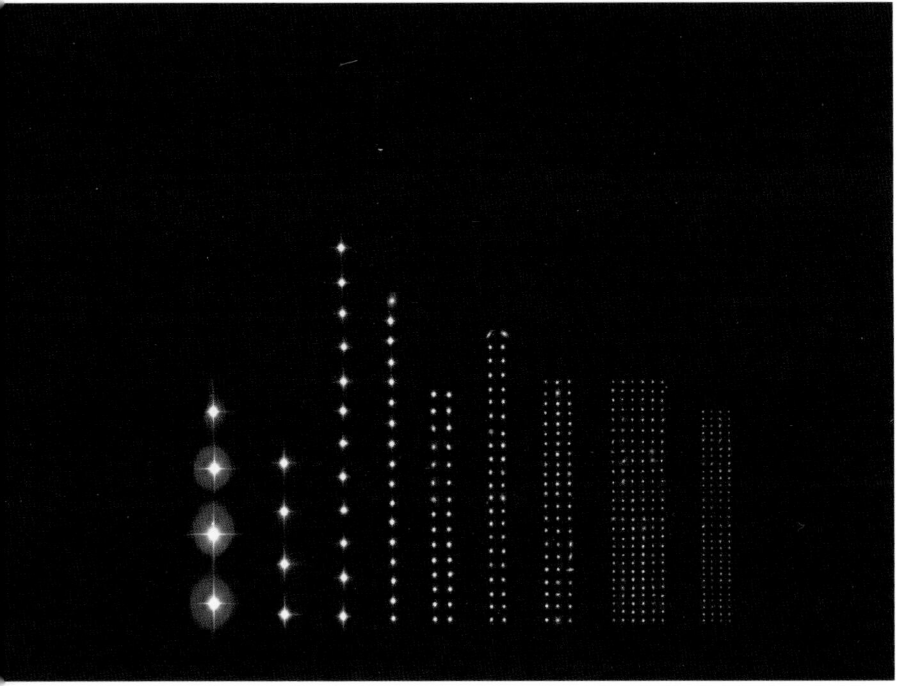

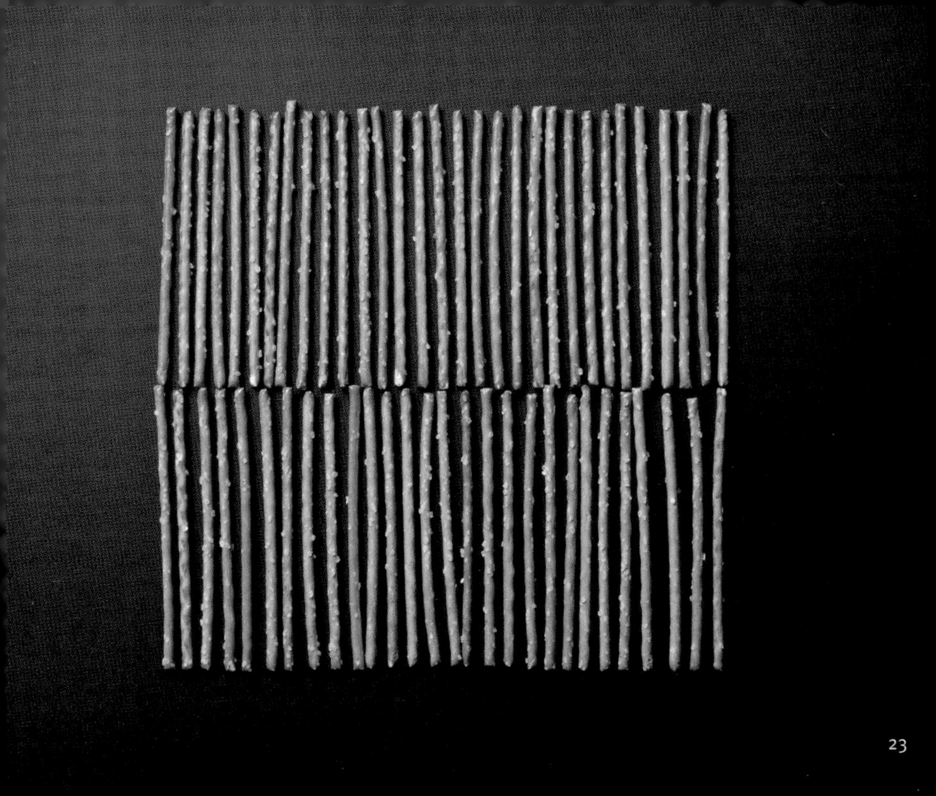

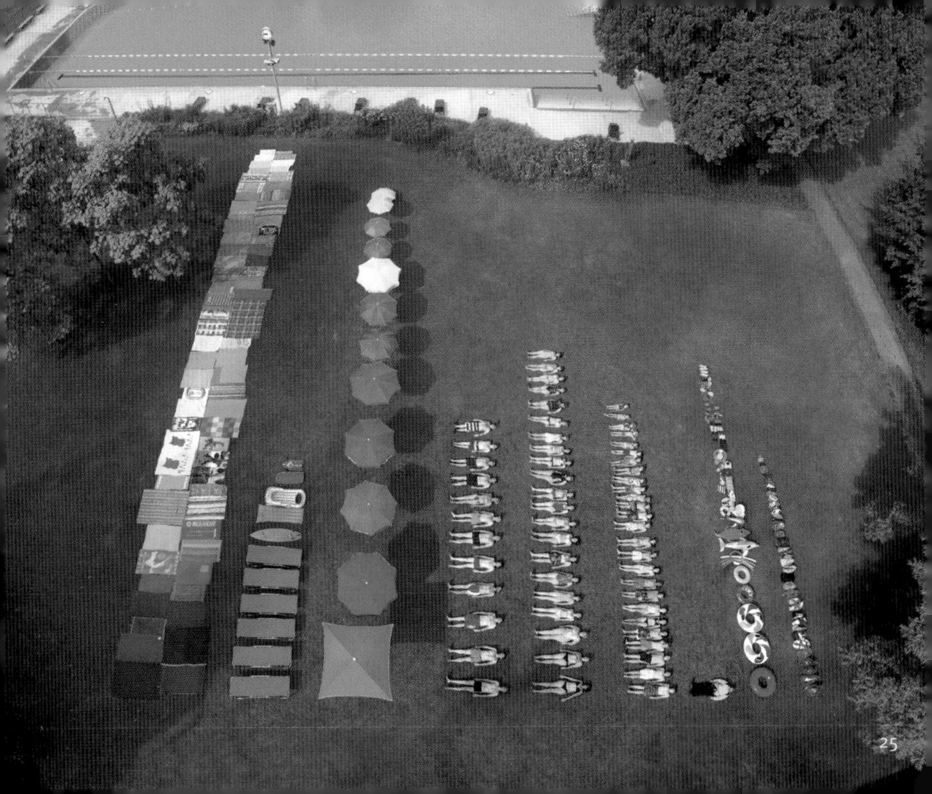

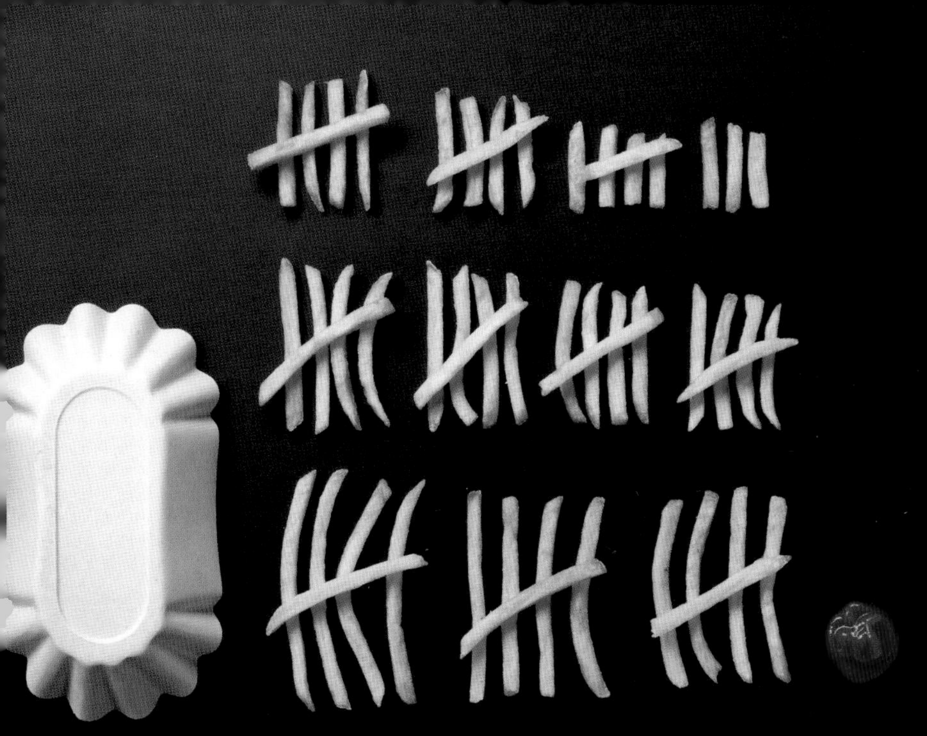

请勿乱扔杂物

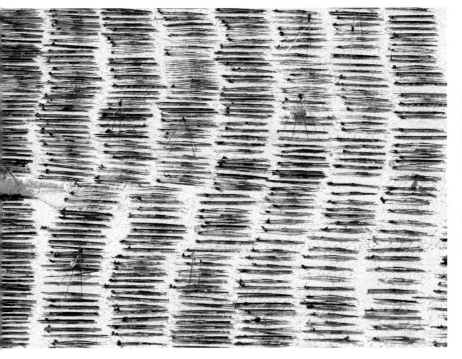

41

Umschlagbild, Vor- und Nachsatz: Geri Born
Weitere Fotografien:
Geri Born (Seiten 2, 3, 4, 5, 8, 9, 12, 13, 14, 15, 22, 23, 26, 27, 34, 35, 39, 42, 43)
Daniel Spehr (Seiten 6, 7, 10, 11, 20, 21, 24, 25, 30, 31, 36, 37, 40, 41)
Florian Foest, spoonfilm, WDR (Seiten 18, 19, 45)
Steffen Schmidt, Keystone (Seiten 32, 33)
Shutterstock (Seite 38)
Daten der Europäischen Südsternwarte (Seite 16)
Ursus Wehrli (Seiten 28, 29)

1. Auflage Juli 2013
2. Auflage November 2013
3. Auflage Februar 2014
4. Auflage Februar 2015
5. Auflage Januar 2016

Druck und Bindung: Kösel GmbH, Altusried-Krugzell

ISBN 978-3-0369-5682-4

www.keinundaber.ch

Idee, Motive, Aufräumarbeiten: Ursus Wehrli

Motivsuche und Produktion (Außenaufnahmen): HAISCH HUNTER GMBH
Projektassistenz: Patricia Umbricht (cultact)
Fotoassistenz (Außenaufnahmen): Kathrin Schulthess
Kamera und Regie Making-of-Filme: Marcel Weiss

Dank an folgende Firmen und Institutionen für die kooperative Zusammenarbeit:

WS-Skyworker AG, SC Bümpliz 78, Bad Allenmoos, Parkhaus Messe Zürich AG,
Freilichtmuseum Ballenberg, Verkehrskadetten Abt. Zürcher-Unterland,
Sportamt Zürich, Verkehrsbetriebe Zürich VBZ, Coop City, Primarschule Steiacher
Brüttisellen, Universität Bonn, Tosoni-Metzg AG, Schellenberg & Schnoz Architekten AG,
spoonfilm medienproduktion GmbH, Westdeutscher Rundfunk (WDR)

Danke für die tatkräftige Unterstützung:

Peter Haag, Sandra Rizzi, Stephan Haller, Nadja Sieger, Jörg Daiber, Beatrice Hirzel,
Elisabetta Martinelli, Thom F. Küng, Werner Huggenberger, Tanja Giuliani, Martin Haemmerli,
Mathis Füssler, Hansueli Flück, Dr. Manuel Strasser. Und Brigitta & Jodok!

Für die freundliche Unterstützung danken Verlag und Autor
der Cassinelli-Vogel-Stiftung in Zürich.

Außerdem lieferbar:

gebunden, 48 Seiten
ISBN 978-3-0369-5297-0

Auch im Pocketformat lieferbar:
ISBN 978-3-0369-5682-4

gebunden, 48 Seiten
ISBN 978-3-0369-5223-9

ISBN 978-3-0369-5231-4

gebunden, 48 Seiten
ISBN 978-3-0369-5200-0

ISBN 978-3-0369-5221-5

»Aufräumen, wo es nötig ist: wie langweilig! Spaß macht es, wenn
sich einer an die Arbeit macht, wo es gar nicht sein muss, wie Herr Wehrli.«
ZDF Aspekte

Ursus Wehrli ist Linkshänder, Querdenker und gelernter Typograf. Seit 1987 tourt er zusammen mit Nadja Sieger als Bühnenduo URSUS & NADESCHKIN und wurde in dieser Konstellation mehrfach ausgezeichnet – u. a. mit dem »New York Comedy Award«, dem »Salzburger Stier«, dem »Deutschen Kleinkunstpreis« und dem »Reinhart Ring«. Ursus Wehrli lebt als Bühnenkünstler, Kabarettist und freischaffender Künstler in Zürich.

Die Idee zum vorliegenden Buch hat er geklaut, und zwar bei seinen zwei anderen Büchern.

lles zum Making-of der Aufräumaktionen
nd mehr zu Ursus Wehrlis Bildern finden Sie auf:
ww.kunstaufräumen.ch

Mehr Infos zum Künstler finden Sie auf:
www.ursusnadeschkin.ch

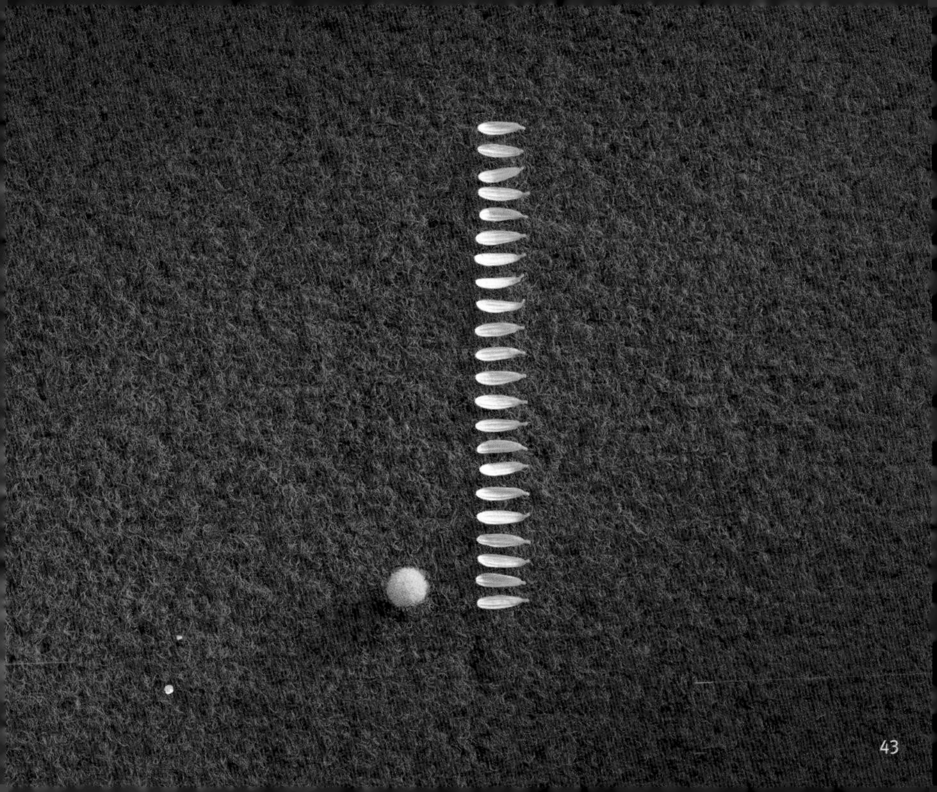